JN436942

# 자투리

최 승 범

도서출판 시간의물레

# 시인의 말

마음 같지가 않다.
때로는 머리도 휑- 나간 고갈 상태다.

제자를 써준
전통사경무형문화재 김경호 원장,
원고를 정리해준 김순임 사서께도
고마움을 표한다.

발문을 주신 보산 김진악 교수,
시간의물레 권호순 박사,
고맙습니다.

2021.10.

최 승 범

| 차례

## 삶을 읊다

## 그림을 읊다

## 맛을 읊다

## 풍시조 읊다

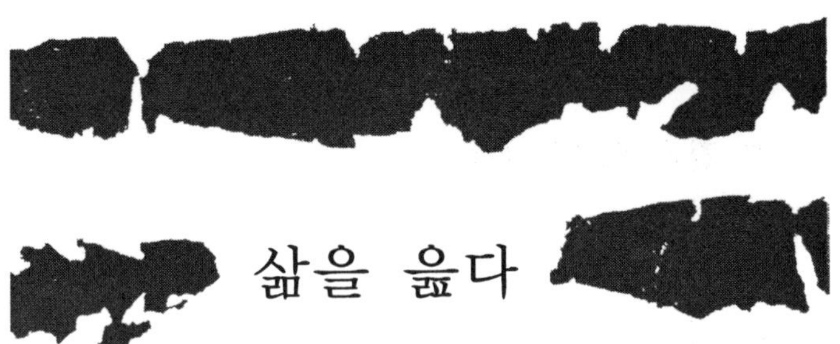

# 삶을 읊다

## 걸음새

어깨 가다듬고
한 걸음 또 한 걸음

먼 발뿌리도
눈 주어 살피고

그 앞길
바로 코 앞길도

그렇고
말고

## 자경

늙은이 허리는
굽기 마련이지

꼬부랑 늙은이
듣기도 쉽거니

두 날개
펼쳐 걷는 일

명심이다
오늘도

## 군입정질

식후 군입정감
동글이 보리과자

혹 들어보셨는지
몰라

입놀림
바삭이는 맛

즐길만
하데

## 우엉차

우리 우엉 썰이
한두 쪽 모두어

끓는 찻물에
이삼 분 울궈서

호로록
호로록 마시자면

추야장
정겹데나

## 이 가을

푸른 하늘 만큼
기운 찰 일이다

가슴도 넓히고
두 팔도 벌리고

이 세상
우리 다같이

한 마음을
펼치자

## 시월

먼산 흰구름
띠 둘러 있고

품안 가벼이
넘나든다

일마다
낙낙하여라

절로 이는
흥결이다

# 구월의 노래

푸른 하늘 높아 있고
품안 넘나든 바람

우화이 등선은
이를 두고 이름인가

가을의
상량함이여

9월 노래
부르자

## 성묘길

산소 등 오르는
길은 언제나

앞서거니
뒤서거니

즐겁고
흥겨운 길

눈 삼삼
어려드네

## 등불을 켜면

내 가슴 속 고향은
등불로 걸려 있다

언제나 불을 켜면
훈훈해지는 마음

오늘도
한 점 한 점 헤아리며

등불을
켠다

## 열대야

등짝이 식어야
잠을 청하지

이 밤 잠자긴
다 틀렸다

콧잔등
송골 땀 훔치며

넋두리들
이다

## 복달임

- 목향밥상집에서

초복 복달임은
닭을 시켰다

뼈도 살도
노골노골 고아졌다

한 대접
훌훌 마시며

이마 땀을
훔친다

## 유월 비

마른 번개를 치는가
빗낱이 쏟친다

우르릉 우르릉
우르릉 꽝

하늘도
두 쪽이 나는가

이내
멈췄다

## 오월 비

비가 내리네
오월 비가 내리네

푸념같이 내리는가
부슬부슬 내리네

다 못 한
말 하그리 많아

푸념 삼아
내리는가

## 미풍

연푸른 실바람이
앞가슴 밀어들어

살랑살랑
살랑이면서

두볼을
어루만지며

스킨쉽을
즐기자네

## 관음죽을 바라보며

사토에서도
견딜만큼 자라는가

관음보살
관세음보살

가만히
다복 다복이

나 염송을
하네

## 목포는 항구다

목포가 고향인
고장 사람이나

술판에 어울린
떠돌이 나그네거나

으레껏
목포는 항구다

젓가락
흥결이었어

# 어느 아침 뜰에서

모란잎 짙어 어우른
아침 뜰에 서자
뻐꾸기 소리
꾀꼬리 소리 날 감고 도네
모처럼
먼 시골 어린철의
푸른 햇살을
줍네

모란잎 차일 삼은
몇 분 난분 사이
죽백난 한 점 꽃이
밤 사이 벙글었어
일로 해
새들도 축가를 보내온가
개운한 정에
젖네

## 꿈 이야기

어데 용처가
생기셨는지

용돈 좀
주셨으면 한다

한동안
통 안보이던 사람이

웬 돈
얘기일까

## 굴뚝새의 주검

땅길 물길 하늘길
다 눈멀었던 것이냐

판유리 아랑곳 없이
뛰어든 새야 굴뚝새야

박치기
네 주검으로

질겁한
하루였다

# 끽연 풍속도

시가를 끄나문
매끈한 처녀들이

모퉁이 길 서서도
스스럼 하나 없이

휘이익
뿜어낸 연기로

동그라밀
그린다

## 원뢰 소리

대낮 굴러오는
마른 번개 소리

우르릉 쿵꽝
우르릉 쿵꽝

귓바퀴
굴러 와 도는

원뢰
소리

## 고향 1

1.
등불로 걸려 있는
내 마음의 고향은
봄빛깔이다
돌담에 어른거리는
이내 속 복사꽃 피어
새살거리는 빛깔이다

2.
등불로 걸려 있는
내 마음의 고향은
켜 안친 떡시루다
모락모락 김 오르는
시루 속 떡쌀가루 고물 따라
향기로운 시루다

## 고향 2

철따라 버섯들도
적지 않았지

국수버섯 싸리버섯
기와버섯 송이버섯

맛이야
송이 소금구이

으뜸
이었어

## 길마재길

노적봉 넘어
순창농림 가는 길

오르긴 싸목싸목
힘이 겨워도

길마재
내림길은 언제고

발목도
가벼웠어

# 참새들

뜰 내려 앉아서도
이내 패를 불러

짹짹짹 쫑쫑쫑
날오르고 날아 앉고

황소 등
등 타고 앉아서도

제 고기 맛
자랑이라네

## 똬기 소리

다랑논 날앉은
참새들 보며

허공에 날려
감았다 쥐었다

딱딱딱
똬기 친 소리

굴러가는
메아리

## 정치꾼들

나부대는 정치일꾼들 참 많데나
너도 나도 나랏일 맡겠다는 것 아닌가
일을 맡겠다는 데야 탓할 것 없지만
제 꼬락서니부터 제가 먼저 챙겨야지 않을까 가가
사나운 사람들

예삐 보아야 할 세상일들
모난 눈꼴 지어 치떠보는 사람들
텔레비전에서 대할 때마다 볼 때마다
보기조차 무섭데 사납데

## 성보박물관

영축산 그 아래
덩실한 박물관

성보박물관
그대 아시는가

경건한
걸음걸음에

눈 모아
살피시라

## 극락정토

- 통도사

시방 에두른
뫼와 들 안온하고

날짐승 길짐승
산비둘기 찌르레기

서로간
부르고 따르고

극락정토
이 아닌가

## 호성암 이야기

한 나그네 산길을
오르는데

호랑이가 나타나
길을 막았다

호랑이
목의 비녀 빼주고

얻었다는
절터 이야기

## 호성암 절터

높이 솟은 암벽 아래
옹달샘 청렬한 맛

그 물맛 챙겨볼
염도 없고

허허한
무상만을 곱씹어

되새길
뿐이네

## 철골소심鐵骨素心

선생은 젊어 계십니다
난초요 매화이십니다

푸른 향기요
빳빳한 서슬이십니다

선생은
오늘도 철골소심

종을 울려
주십니다

## 금당형께

세상 난리 통에
마스크 가리시고

들숨 날숨
평온하시는가

이 아침
문득 생각 일어

남녘 하늘
바라네

## 산민 한승헌 송

나이 구실도
제대로 못한 사람이

해마다 새해
새해맞이일 때마다

산민의
≪객담≫ 한토막으로

웃음 복
웃음 복이라네

## 희년송

- 박덕은 박사께

1
세월은 빠르기도 하이
그래 어느덧 희년
박덕은 박사의
희년을 맞이하여
오늘의
더할 수 없는
기쁨 크게
누리시는가

2
나와의 인연도
어찌 적다하리
소맷부리만 스쳐도
몇 생의 인연이랬는데
우리의
연줄을 그리자면
얼마쯤 일까

3
갈재를 넘어오고
갈재를 넘어가고
봄 여름 가을 겨울
생각들 영글리며
우리들
뜻을 모두어
몇몇학기
였던가

4
우리들 공부는
언제나 즐거웠어
가르침과 배움이
따로 없었어
자투리
몇 분이래도
우리 서로
아쉬웠어

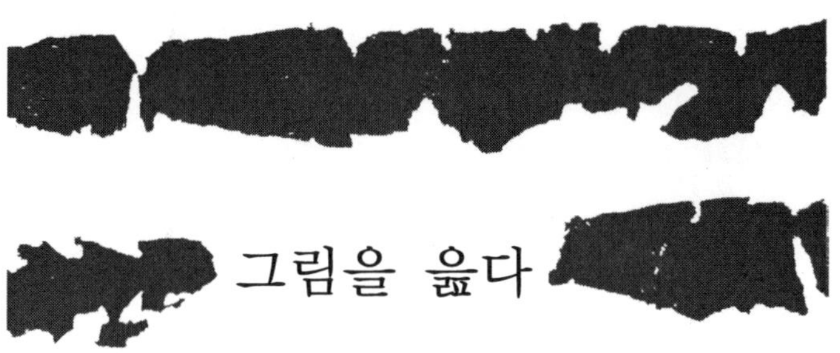

# 그림을 읊다

## 매화산조도梅花散調圖

섬진강 물면 스친
휘어 꺾인 햇살이
매화동산 들어
반짝이는 바람이자
꽃잎들
제 구실 다한 양
산조散調의 가락이다

매화꽃 흩날리는
가락에 젖으며
한 쌍 휘파람새도
휘이 휘 휘파람 불며
알싸한
꽃향기 속을
산조로
날은다

## 호접도 3점胡蝶圖 3點

1
어느 넋 환생인가
흰나비 노랑나비
어린 봄날의
볕바른 장다리밭
꽃 사일
하늘하늘 날으는
나비들의
춤사위

2
무주 구천동 계곡
바위너설 옮아 앉아
에헴거리던
호랑나비 기침소리
그 동안
어디를 나돌다가

거드름빼며
오는가

3
잔솔밭 오솔길을
불티처럼 휘날리는
부전나비떼
흑색 갈색 녹두색은
저 무슨
넋들의 환생인가
애잔한 아우성
소리

# 춘초회개도春草花開圖

뭉근 햇살가루
먼 하늘 흩어지고
얄보드란 바람도
춤사위를 멈춘 흰날
언덕길
나앉은 눈길
풀꽃망울
몸짓이데

나도 숨을 죽일 밖에
그 찰나였다네
잔별같은 풀꽃망울
갓 눈뜨며 웃는거야
미리내
한 자락 이내 와서
날 찰싹여
주데나

# 청앵도聽鶯圖

굼뜬 소리 작작하시게
버들숲도 밀려나고
꾀꼴새 깃들 자리
잃은지 언제런데
휘늘인
버들숲 꾀꼬리타령인가
굼떠도 한참
굼뜬 사람아

두 눈 뜬 사람이면
왜 모르겠나 친구여
허나 그대 잠시
두 귀를 기울여 보시게나
삼삼히
푸르러이 굴러드는
금방울
소리

## 직녀도織女圖

베틀 위 앉은 나를
왜들 한스럽다 하는가
날실에 북을 밀어
찰칵 찰칵 바디치는
내 꿈은
일광단日光緞 월광단月光緞
마전한 빛
빛이라네

새 맑은 빛남이야
어디 별빛뿐이던가
그 위에 초롱같은
금지옥엽金枝玉葉 내 아들 딸
나는야
베틀에 몸 앉히면
나르는 새
마음이데

## 척서도滌署圖

까중가리나무 가지끝이
미동도 않는 밤
식지 않는 더위를
등멱으로 씻고 나면
한 박적
우물물 돌려 마셔도
단란했다
건강했다

멍석자리 둘러앉은 밤
이야기꽃 사위어 들고
미리내의 어린 별들
아슬랑거려 돋으면
부채를
할랑거리던 손목에도
고운 잠이
내렸다

# 거서보허도祛署補虛圖

복더위철이면 때로
墨鷺를 뵙는다
全州시중의
개장국집에서다
적삼의
앞자락 열어젖히고
술이야 국이야
훌훌이다

낡은 둥글부채
화들거리랴
시원하다 어 시원하다
食補타령이랴
걸쭉한
입담의 墨鷺를
이날에도
뵙는다

## 정청송풍도靜聽松風圖

저 솔바람소리
멀어졌단 말 밀쳐내고
지그시 두 눈 감고
솔바람을 그리자면
솔잎 새
빗질하고 오는
솔바람
솔바람소리

이 아침 창문 열고
저 솔바람소리에
뒤얽힌 실가닥
안팎 헹구고 헹구자면
말처럼
먼 것만도 아니데
솔바람소리
솔바람연화조석도蓮花朝夕圖

아침 푸른 햇살 속
해낙낙한 웃음이여
간밤 별빛 아래
공글인 꿈이었던가
환하게
열어보이는 화심
시리도록
맑아라

은근한 달빛 속
겹겹 문을 닫고
水墨天地 등을 밝혀
무슨 경을 읽으시나
經소리
들린가 하면
밀어 드는
향이여

## 추수도秋樹圖

갈잎 키 큰 나무
가을 맞이 아래 앉아
하르르 하르르르
지는 잎에 젖는다
하늘 빛
바람결로 트인
고요함이
돋는다

갈잎 키 큰 나무
하늘 이치에 밝아
아쉬움 넉넉함도
바람 따라 거둔것을
이 가을
되돌려 주는
순리로움
읽는다

# 국화주회음도菊花酒會飮圖

“차 한 잔 나눕시다”
“잘 익은 빛입니다”
“아 이 술향기라니.”
“목안이 강그럽습니다.”
“자 이제
맛을 보십시다.“
“준하군요.”
“어 좋다.”

“또 한 잔 나도 한 잔
두어 순배 돌립시다.“
“아 이 바람결이라니.”
“가슴까지 확 트입니다.”
“국화술
정신이란 게 따로 있을까요.”
“우리 함께
그려 봅시다.”

## 모자도母子圖

아가를 품에 안은
어머니는 둥글다
팔도 등도 가슴도
두리둥실 둥글다
둥그름
에두른 날빛도
둥그러밀
짓는다

아가의 옹아리를
어머니는 흉내낸다
추카추카 추김질에
마주친 눈빛은
어느 별
별빛을 이끌어
흉내내라
부추기랴

# 장야한등독서도長夜寒燈讀書圖

옛어른 생각나네
낡은 방 한등 아래
책상 모서리
난분 한 점 놓고
책장을
넘기시던 코끝
대롱거린
맑은 콧물

솔바람소리 그립구나
聽松을 아호 삼고
저 한등 아래
禪의 빛을 밝히셨지
긴긴 밤
책장을 넘기다 말고
옛어른을
기리네

## 세화歲畵

– 2005·을유乙酉

吳承雨 화백이 친
암탉 수탉 가시버시
밝은 해를 불러
둥실 밝은 해를 머리에 인
한쌍이
이 새아침을
환하게
밝혔다

선홍의 맨드라미빛
곧추 선 볏의 빛살이여
우렁찬 목청의
펑퍼지는 여운이여
구순함이여
온 잡것들
박살난다

# 일난초아도日暖草芽圖

몽근 햇살이다
네 싹눈을 본다
어둠도 추위도 장히
견디어 난 오늘이구나
뾰조롬
여리고 귀엽구나
네 앞날을 빈다

아 이 몽근 햇살
어느만큼 일까
보깨고 견뎌야 할
네 앞날은 얼마일까
비바람
걱정이 아냐
인두겁이 걱정이다

# 삼일만세도三一萬歲圖

그림 생각이다
잘 잡히질 않는다
암장岩漿의 가슴 뿜어
외치고 외친 소리 소리
저 소리
'대한독립만세'
삭힐 빛깔이
없다

연초록빛이자면
선혈鮮血빛이 번진다
핏빛이자면
구렁텅이 껌정이 솟는다
저 소리
'대한독립만세'
억장만
무너진다

## 사월창하도四月窓下圖

사월 밝은 창 아래
두 시구절이 벙근다
‘껍데기는 가라’
‘껍데기는 오라’
맴도는
반드라운 가락들
창 밖으로
너울진다

가라는 껍데기도
알맹이 생각이었으리
오라는 껍데기도
알맹이 생각일 터
세상 일
알맹이 껍데기 생각이자
창 밖 빛이
흐려진다

# 오월신조도五月晨朝圖

어디서 굴러오는
꾀꼬리 소리인가
어디서 풍겨오는
먹물의 향내인가
소리도
향내도 삽상한 바람
여윈 나를
감돌데

산책에서 돌아 들어
아침 창을 열뜨리자
산뜻 넉넉한
바다의 물결이었어
상 위의
책장을 넘기자
환한 빛이
일렁이데

# 유두연음도流頭讌飮圖

동녘으로 흐르는 강물 저 푸른 강변에서 마을
사람들 유두잔치를 별였구나 한자리 물 찬 제비
처럼 모여들 앉아 희락락이구나

수단이야 상화떡이야 철 맞은 먹거리에 거기도
한 잔 나도 한 잔 강바람 술맛 돋우고 건너 숲
꾀꼬리들은 금방울을 굴리는구나

저 강변 단란한 풍속을 혜원은 왜 담아놓지 않
았나 이제는 유두절도 사라진 속절없는 세상인
걸 어디가 저 마당에 뛰어들랴 한 판 흥을 풀
으랴

## 밀물과 썰물의 노래

- 사천 김학수 작가의 작품전에

사천 작품을 읽자면
이야기가 꼬리를 문다
밀물 썰물도
동그라미 나선형이다
바닥이 보이는가 하면
하늘 위를 돌고 있다

일터를 나고 드는
사천의 작품에는
바람이 흐르고
별빛 달빛도 흐르고
정겨운 가시버시 이야기도
물빛으로 흐른다

어린봄 언덕바지
연푸름이 돌을 때면
먼산 아지랑이
휘장 두른 사천 그림
서로를 부르고 돌아보며
봄도 챙겨 캐는가

동행길 나명들명
옆에 있어 살갑고
먼 이야기도
구순하기만 하다
사천의 작품은 그래
밑 없는 하늘이다

## 매갈잇간

- 이준택 작품전(전주영상회 30회)

발동기 통통거리는
봄 갈 여름 겨울
사철을 두고 멈춤 없던
어린철
저 석유냄새에
회도 많이
동했지

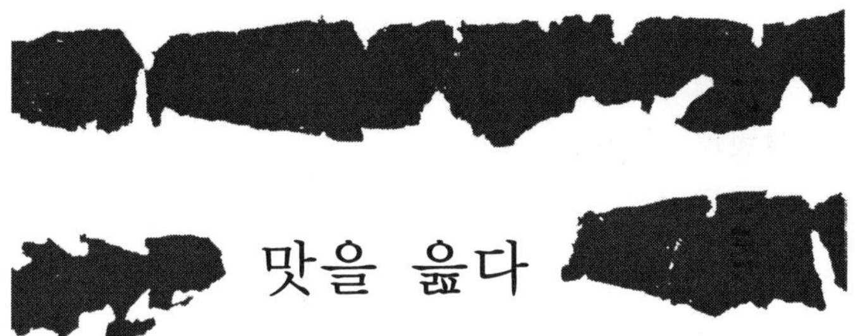

# 맛을 읊다

## 다슬기장

포름한 장빛에도
군침이 당긴다

흰밥 앙구어
싸목싸목 굴리면

장맛도
밥맛도 아우러져

한 타령
즐겁다

## 황탯국

입은 살아서
당기는 것도 많다

술 담배 단심으로
직심있게 끊었는데

황탯국
솔깃한 저 맛은

때때로의
생각이다

# 재첩국

하동 여여식당
이름난 집이었다

가무락조개
재첩국 전문이다

국물이
입안을 돌때마다

개운한
맛이다

# 도다리 쑥국

양지받이
어린 쑥 새순에

웬 도다리
쑥국 맛인가

소로시
볼 안 감도는

향이여
저 맛이여

## 냉이 간장

국은 국대로
대가리 파무침은

똥그만 무침
그 파무침대로

톡 쏘는
냉이 장 맛은

장맛대로
개운하다

## 끽연·음주

젊어 이후 그 얼마나
탐하고 즐겼던가

끽연은 끽연대로
음주는 음주대로

이제는
깡그리 잊었다니

다 늙은
퇴물인가

## 콩국

여름 콩국 한 보시기
시원한 맛이라니

뜸주어 훌훌
마시는 맛이라니

여름 숲
그늘을 앉아

지난 날
생각이여

## 김부각

춘향골 남원의
김부각 맛은
끼니때가 아닌
입다심에도
바사삭
바사삭거리는
소리맛도
즐겁데

# 풍시조 읊다

## 난리판

그 누가 믿었던가 이 난리 판을
씨 발라 먹은 감쪽같은
판을 처댄 난리판을

## 게눈

해도 있고 달도 있고
흐린 날 갠 날에 하늘 총총 별도 있고
게눈 감출 세상 어디 있을까

## 판탕

춥다 추운지고 오슬오슬 한기 든다
열 올릴 일 아냐
판탕칠 요량 있어야지

## 닭해

2017 오는 해는
정유년 닭해라커니
닭이여 우렁찬 나팔이거라

## 순풍

세상 일 순풍에 돛 달듯한
꼭 그런 날만 있으랴만
내 남 없이 북 치고 장구 치고 즐길 날들 하거라
뜻밖

하늘 땅 세상일 뜻밖의 일도
있어보게나 오죽 많고 많은가
헛웃음치고 허허 돌아설 일도 많고 많다네

## 상전벽해

88나이쯤 겪어온 사람도
오는 날 겪고 있는 변화의 순간들
눈 깜짝 아니라니 상전벽해도 빈말인가

## 쑥떡 콩떡

받을 걸 챙겨야지
받을 것 안 받을 것 덥석거리며
장관이고 부총리고 챙기는 꼴이라니
아무개 아닌가

## 콩떡 쑥떡

아나 콩떡 아나 쑥떡 눠 맘대로
더 큰 욕은 못 하겠구 점잖지 못하대도
속 같아선 꼭 주먹질 한판 메기고 싶다

## 몰인정

도움 받을 때는 언제고
그가짓것 얼마나 된다고 챙길 것 없이 잊어야지
아아 이래 세상은 몰인정인가

## 일꾼

앞 뒷집 옆옆 집 공사
잘 돌봐주는 일꾼 상일꾼
실답잖게 생각할 멀쑥이도 있을까

## 수분

네 탓 내 탓 뉘 탓
말하기 좋다 탈 잡히지 말고
입 밖 내기 전 마음 속 공그리자

## 선거판

받아놓은 밥상인 양
까불고 되까불고 까불어 대더니
친구는 열 다섯 중 몇 등이셨는가

## 텃밭

내 울안 내 터전 텃밭 요량도 해야지
아 그대 우줄댄다
홀로 서 될 일이던가 딱한 사람아

## 말장난

말장난 분쇄기는 없을까
바수어 체로 쳐서
허튼 수작 못 부리게 없세게

## 허풍

허풍치지 말라구
그 속셈 모를 줄 알고
뚱딴지 덮으라구

## 요행수

바랬다면 그야 글로 글로
입 봉하고 끝날 일이구
소란 떤 값은 값대로 셈을 봐얄것 아닌가

## 낙엽

추풍에 낙엽 지듯 구를 일이 아니야
굴러 떨어질 일도 아니고
옆 사람 스산함도 생각해야지

## 한숨

이룰 꿈 못 이뤘다고
새우잠 잘 것 있는가 이 사람아
발 뻗고 길게 한숨 몰아 내 뱉으라구

## 세비

아 그래 사람들
나라 정사 한다는 사람들
재원은 수도꼭지 수돗물이련가

## 인사성

길을 걷다가 문득
참새 같이 조잘거리던 아이들이 인사하면
요순 시절인가 외려 내가 주춤거린다

## 종소리

뎅 울리면 잡지 못한 꼬투리
새벽 산사의 종소리처럼 풀리는
대명천지로 밝거라

## 세상, 참

온통 제 세상인가
어디라 코 풀고 침을 뱉아
차도 인도 차창이고 가림이 없네

## 쉽게

사람들 쉽게 살아가고
쉽게 살다 가는 무릉 도원 같은 그런
쉬운 세상 있을까

## 이 땅 내려앉은

툭 트인 하늘 높고
말도 살지고 식욕도 돋고 꿈일까
이 땅 덮어주는 푸른 하늘 없을까

## 역순리

잘들 돌아가는 것 돌아들 가는 것 같아도
잘못 돌아가는 것 더 많은 것 같다
극적그려지는 마음 산 같구나 하늘 같구나

## 꼼수

대인 품이어야지
세상 바로 잡겠다는 사람들이 정치한단 사람들이
웬 째째한 꼼수련가

## 헛웃음

웃을 일인가 비웃을 일인가
한바탕 팽 코웃음 칠 일인가
텔레비를 보다가도
눈꺼풀을 덮는다

## 코미디언

큰 나라 대통령이라고 희극 배우 같은 사람
트럼프 같은 사람 왜 없을까
멋지고 재미있는 코미디언

## 세상만사 1

내 뜻대로만 된다면
무슨 일 안될 일 어찌 있으리 하사불성일까
달뜨지 말고 좀 더 차분차분하자구

## 세상만사 2

눈 가리고 야옹 눈 가리고 야옹
야옹야옹
눈 가리고 야옹야옹

## 웃기네

기는 놈 위에 뛰는 놈 뛰는 놈 위에 나는 놈
세상 제 나름인데 각각
큰소리만 치면 장땡인가 웃기네

## 해처럼 달처럼

보수고 진보고 진보고 보수고 뇌까린다고
줏대없이 뇌까려서만 될 일이던가
해와 달처럼 달과 해처럼 두둥실 외칠 일 없을까

## 성좌도

내 한 나라 내가 섬기자는데 나무랄 사람
어느 뉘 있을까 있을까 청천 하늘엔 별 총총하니
성좌도부터 탄탄해야지

## 목소리

귀 기울여야 할 참 목소리는 챙겨야한다
덜렁거리지 말일이다
덜렁거리다가는 참 목소리를 놓치기 마련이다

## 패거리 1

저네들 소리만에 짝짜꿍짝짜꿍 소리치고
얼씨구절씨구 어절씨구
품바타령으로 잘도 판을 치누나

## 패거리 2

이웃사촌이라 해도
패거리를 짓는 일 없어야 하리
어쭙잖은 일 어쭙잖은 일 아닐른가

## 처신

개밥통 굴러다니는 도토리 신세
외도토리 신세 아니게
제 일은 제가 챙겨야지 그 누가 챙기리

## 개살구

빛좋은 살구 개살구는 먹음직스러워도
포근한 맛도 포근거린 맛도 어딘가 없는
그래 모자란 개살구 개살구 아니련가

## 빈축

전파 타고 빈축 사는 일이야 얼마나 빠른가
금방 금방이 눈 깜짝 순간인 걸
나라님 우리 나라님 빈축 사는 일 어느 뉘
좋아하리

## 소이연

입술 깨무는 일
신문 한쪽 살피면서도 입술을 깨무는 건
석탄 백탄 타는데 요내 가슴도 타기야

## 조무래기

저 하는 일 치고는 그 뭔가
조무래기야 그 조무래기 아닌가
큰 뜻 사내라는 웅심을 펼쳐야지

## 통

대통령 대통령
우리 대통령 통을 잡아도
멀고 크게 더 멀고 크고 길게 누리생각 통하시라요

## 트럼프

저 사람 동분서주 하는 짓
꼭 반미치광이 아닌가 때로 뉴스를 듣다가도
문득문득 생각이데

## 눈엣가시

트럼프같은 사람 뚱딴지 같은 소릴 치는데
그 소리에 맞장구들 쳐야지
그야 뚱딴지같은 사람의 눈엣가시가 될 작정이
라면, 아예

## 믿을 놈

믿을 놈 믿을만한 놈 어디 있는가
눈 뜨고 보아도
씨알머리나 있던가
이놈이 그놈 그놈도 저놈 같고
이 무슨 통속인가
자화자찬

제 그림 제가 자랑하는 것도
멋쩍은 일이거늘
떠버리 트럼프같은 사람
저 허풍선이 아닌가

## 핵 논쟁

구경거리가 아냐 선불리 볼 일 아냐
오늘뿐 아닌 내일을 위해서도
심각히 따질 일 아닌가

## 태평성대

시청 중인데 저건 뭐람 또 쏘아올렸다고
북의 탄도미사일
놀랍지도 않거니 여기는 태평성대일레

## 삶

볼로 안간힘을 쓴다고 어디 될일도 아닌데
괜스레 끙끙댈 것 있겠나
이 사람 낮추라고 혈압을-

## 판 1

판은 벌어졌는데 이건 참
놀음판인가 싸움판인가 정치판인가
파김치는 맵고 짜도 먹기나 하지 이건 참

## 판 2

판은 이미 끝이 났고 이 한 판 마음 안들게 판이 났다 하여
판을 부시기로 작심하고 나선다면
그 판은 사나이로서의 한 판 치는 판이 아닐터

## 입쌀

한 나라의 법부장관이
조국의 먼 앞날을 두고도 사람들 입쌀에 오른다면
우리 조국을 위해서도 긴긴 불행아닐까

## 아가리

속된 말이지만
윗자리 있는 사람이라면 더더욱 그렇지
말끝 좋지 않은 아가리는 닫는 게 상책이고 말고

## 속마음

그대 속마음은 어디 있는가 허우대는 껑충 큰 사람
그대 속마음은 안인가 밖인가
당초 헤아릴 길 없네

## 교훈

어린이를 두고 타이를 때에도
사나운 말은 피해야 하고 말고
싹수가 있네 없네 노랗네
쓰잘데 없는 벌소리는 버려야 하고 말고

## 명목 못 챙길 것

한나라의 재정 명목 나 잘 몰라도
이리 치고 저리 치고 고물 치고 찰떡 치고
이것저것 명목 챙겨 걸쭉히 먹자판이면 그 명목
못 챙길 것 뭐 없겠나

## 소견

사람마다 소견이야 있기 마련
철부지 아니고야 말할 것 있겠는가
남의 소견에 왈가왈부는
철딱서니 없는 일 아니겠는가

## 순국

1999년 1월호(통권 96호) 묵은 잡지 한 권(값 4,000원)
되작되작 되작거려 살피는 일 항일투쟁소설도 있네
우리에게 나라란 무엇인가 순국이란 무엇인가

## 따분하다

나라의 명분을 걸머진 사람들이 저마다
나라의 명운은 아랑곳없이
헤아리재도 짚어볼 길 없네 하 따분하다

## 술수

이리 돌리고 저리 돌리고 위 아래로 돌리고
요술통 같기도 하여라
한 수 배우고자 해도 영 술수가 없네

## 정치

사람들 보라는 것도 아니고 과시하자는 것도 아닌
물이 흐르듯 골고루 배어 흐르듯
흐르듯 해야 하는 것 그래 베풀정 아니련가

## 곱던 여인

내 눈에 곱던 여인 나랏일 본다면서
눈 모습도 입 모습도 세모꼴로 달라지다니
이는 오늘의 내 눈뚜껑 탓인가 가가

## 허드레

허드렛 일꾼 높이 사야지
허드레 일이라고 왜 깐보나
제 손은 손을 놓아 깐딱도 않고 허드레 일손도
타고나야 하나

## 거취

나감과 물러섬이 분명해야지
이도 저도 아닌 엉덩이 무거운 주춤거림은
그 어디 대장부 하실 일인가 가가

## 숨통

어깨도 들썩 올려보고
숨도 흔흔하게 내쉬어 보고
들통 날통 숨불통 아니게 이건 숫제 양생훈 아닌가

## 스님 법정

한권 책의 통독이 읽고 나도 즐거웠네
법정 스님의 절절히 ≪무소유≫를 말한 책
눈 감고 먼 산을 바라는데 〈산에는 꽃이 피네〉

## 비문

이곳은 외우 온곡 조철현 내외의 어버이
기리는 효의 마음이 구슬진 곳이거니 지나
는 이들도 헤아림 있을진저

## 가상유언장

활활 털고 훨훨 가는 길에 무슨 유언이
있겠습니까
사람살이 세상 두루두루 편하게 해 달라면
'저 갈 길이나 챙길 일이지' 웃는 사람들
혹 있을지도 모르겠습니다
세상 언제나 태평연월이길 빕니다

## 희망가

아리랑 아리랑 아라리요
세궁역진을 왜들 생각해
희망의 어깨동무 으쓱거리며
아리랑 새고개
찾아서 넘자

# 발문跋文

평생 책을 읽는 일은 쉽지 않다. 읽을 뿐만 아니라 글을 쓰는 일은 더 어렵다. 글을 쓰기도 쉽지 않지만, 책을 짓는 일은 더더욱 어렵다.

한두 권의 책을 내기도 하지만, 일생에 한 오십 권쯤 책을 발간하는 일은 매우 어렵고 아주 드문 일이다. 이렇게 망백望百의 춘추에 이르신 고하古河 최승범崔勝範 노옹께서 또 책을 내게 되었다.

시조집 『자투리』는 스물두 번째 시집이다.

세상에는 시인이 많지만 구순九旬이 넘어 시집을 내는 일은 거의 없다.

여기 무슨 말을 한다면 군말이다.

김진악 씀

## ▩ 최승범

현재 고하문학관 관장, 전북대학교 명예교수.

1931년 남원 출생. 1958년 〈현대문학〉을 통해 등단. 『난 앞에서』, 『천지에서』, 『자연의 독백』, 『대나무에게』 등 시집 다수와 『한국수필문학연구』, 『한국을 대표하는 빛깔』, 『선악이 모두 나의 스승』, 『남원의 향기』, 『한국의 소리』, 『3분 읽고 2분 생각하고』 등 다수의 수필집이 있으며, 2019년 시집으로 『八八의 노래』, 『행복한 노후』, 『화시』가 있고, 2021년 근작 시집으로 『짧은 시, 짧은 여운』이 있다. 정운시조문학상, 가람시조문학상, 한국시조대상, 만해문예대상, 김현승문학상 외 다수 수상하였다.

초판 인쇄 2021년 11월 25일
초판 발행 2021년 11월 30일
저　　자 최 승 범
발 행 인 권 호 순
발 행 처 시간의물레
등　　록 2004년 6월 5일
주　　소 서울시 은평구 증산로17길 31, 401호
전　　화 02-3273-3867
팩　　스 02-3273-3868
전자우편 timeofr@naver.com
블 로 그 http://blog.naver.com/mulretime
홈페이지 http://www.mulretime.com
I S B N 978-89-6511-374-4 (03800)
정　　가 10,000원